Cambridge Plain Texts

DUMAS

HISTOIRE DE
MES BÊTES

T0346141

DUMAS

HISTOIRE DE
MES BÊTES

CAMBRIDGE
AT THE UNIVERSITY PRESS
1929

CAMBRIDGE UNIVERSITY PRESS
Cambridge, New York, Melbourne, Madrid, Cape Town,
Singapore, São Paulo, Delhi, Mexico City

Cambridge University Press
The Edinburgh Building, Cambridge CB2 8RU, UK

Published in the United States of America by Cambridge University Press, New York

www.cambridge.org
Information on this title: www.cambridge.org/9781107697119

First Edition 1920
Reprinted 1929
First published 1929
Re-issued 2013

A catalogue record for this publication is available from the British Library

ISBN 978-1-107-69711-9 Paperback

NOTE

THE hospitable heart of ALEXANDRE DUMAS (1802–1870) found room for animals as well as for men. The menagerie at Monte-Cristo, his "Renaissance *château* surrounded by an English park," upon which he spent twelve thousand pounds, to sell it four years later for as many hundreds, included a vulture called Diogène, because it lived in a tub, a cat named Mysouff, two parrots, three monkeys, a golden pheasant, and five dogs, chief of which was the Scotch pointer, Pritchard. The following pages from *L'histoire de mes bêtes* relate to the history of this remarkable animal, who fully bore out the dictum of Mr W. H. Hudson, that the pointer is "the most accomplished thief in the entire canine gang." So far, however, is Dumas from endorsing that distinguished naturalist's general indictment of the dog, that he quotes with approval Michelet's saying that "the dog is a candidate for humanity," and he recounts the adventures of his canine friends with the same imaginative sympathy that he shews for the men and women of his novels.

A. TILLEY

May 1920

CONTENTS

HISTOIRE DE MES BÊTES

I

UN POINTER ÉCOSSAIS

Pritchard était un *pointer* écossais.

Vous savez tous, chers lecteurs, ce que c'est, en termes de chasse, qu'un pointer; mais, peut-être, mes belles lectrices, moins familières que nous avec les termes cynégétiques, ne le savent-elles pas.

C'est donc pour elles que nous allons donner l'explication suivante.

Un pointer est un chien qui, ainsi que l'indique son nom, fait des pointes.

Les bons pointers sont anglais, les excellents sont écossais.

Voici la manière de procéder du pointer: au lieu de chasser sous le canon du fusil, comme le braque, l'épagneul ou le barbet, il prend un grand parti et chasse à cent pas, deux cents pas, et même trois cents pas de son maître.

Mais, dès qu'il rencontre, un bon pointer tombe en arrêt et ne bouge pas plus que le chien de Céphale, jusqu'à ce que son maître lui marche sur la queue.

Pour ceux de nos lecteurs ou celles de nos lectrices qui ne seraient pas familiers ou familières avec la mythologie, nous consignerons ici que le chien de Céphale fut changé en pierre en courant le renard.

Pour ceux qui veulent tout savoir, nous ajouterons que le chien de Céphale s'appelait *Lélaps*.

— Mais comment s'appelait le renard?

Vous croyez me prendre sans vert; le mot grec *alôpex* veut dire renard.

Or, celui-là était l'*alôpex* par excellence, et, comme on appelait Rome *la ville*, *urbs*, de même on appelait ce renard-là *le renard*.

Et, en effet, il méritait bien cet honneur.

Figurez-vous un renard gigantesque, envoyé par Thémis pour se venger des Thébains, et auquel il fallait, tous les mois, sacrifier une victime humaine, douze par an, ou deux de moins seulement que le Minotaure; ce qui doit faire supposer un renard ayant seulement quatre ou cinq pouces de moins qu'un taureau.

Belle taille pour un renard!

— Mais, si Lélaps a été changé en pierre, le renard lui a échappé?

Rassurez-vous, chères lectrices: le renard a été changé en pierre en même temps que le chien.

Si par hasard vous allez à Thèbes, on vous les montrera tous les deux, essayant depuis trois mille ans, le renard de fuir le chien, et le chien d'atteindre le renard.

Où en étions-nous?

Ah! nous en étions aux pointers, qui ne rachètent leur défaut de faire des pointes qu'en arrêtant ferme comme des chiens de granit.

En Angleterre, pays aristocratique, où l'on chasse dans des parcs de trois ou quatre mille hectares entourés de murs, peuplés de perdrix rouges et de faisans, bariolés de pièces de trèfle, de sarrasin, de

colza et de luzerne—qu'on se garde bien de couper
pour que le gibier ait toujours du couvert—les
pointers peuvent arrêter tout à leur aise, et ferme
comme des chiens de pierre.

Le gibier tient.

Mais, dans notre France démocratique, divisée
entre cinq ou six millions de propriétaires, où chaque
paysan a un fusil à deux coups pendu à sa cheminée,
où la recolte, toujours attendue impatiemment par
son maître, se fait à son heure et souvent même tout
entière avant l'ouverture de la chasse, un pointer est
un animal désastreux.

Or, Pritchard, je l'ai dit, était un pointer.

Maintenant, sachant le mauvais usage d'un pointer
en France, d'où vient, me demanderez-vous, que
j'avais un pointer?

Eh! mon Dieu, d'où vient que l'on a une mauvaise
femme; d'où vient que l'on a un ami qui vous trompe;
d'où vient que l'on a un fusil qui vous crève dans les
mains, quoiqu'on connaisse les femmes, les hommes
et les fusils?

Des circonstances!

Vous connaissez le proverbe: "Il n'y a qu'heur et
malheur en ce monde."

J'étais allé à Ham faire une visite à un prisonnier
pour lequel j'avais un grand respect.

J'ai toujours un grand respect pour les prisonniers
et les bannis.

Sophocle dit:

> Honorons le malheur; le malheur vient des dieux!

De son côté, ce prisonnier avait quelque amitié
pour moi.

Depuis, nous nous sommes brouillés…

Je passai quelques jours à Ham; pendant ces quelques jours, je m'étais trouvé naturellement en relations avec le commissaire spécial du gouvernement.

Il se nommait M. Lerat. C'est un homme charmant; ne pas confondre avec M. Lerat de Magnitot, qui, lui aussi, cumule ou cumulait les fonctions de commissaire de police avec le titre d'homme charmant.

M. Lerat, celui de Ham, me fit toute sorte d'amitiés; il me conduisit à la foire de Chauny, où j'achetai deux chevaux, et au château de Coucy, où je montai sur la tour.

Puis, au moment de partir, m'ayant entendu dire que je n'avais pas de chien de chasse :

— Ah! me dit-il, que je suis heureux de pouvoir vous faire un véritable cadeau! un de mes amis qui habite l'Écosse m'a envoyé un chien de race royale : je vous le donne.

Comment refuser un chien offert avec tant de grâce, fût-ce un pointer ?

— Amenez Pritchard, ajouta-t-il en s'adressant à ses deux filles, charmantes enfants de dix à douze ans.

On introduisit Pritchard.

C'était un chien avec des oreilles presque droites, des yeux de couleur moutarde, à longs poils gris et blancs, portant un magnifique plumet à la queue.

A part ce plumet, c'était un assez laid animal.

Mais j'ai appris, dans le *Selectæ e profanis scriptoribus*, qu'il ne faut pas juger les hommes sur l'apparence; dans *Don Quichotte de la Manche*, que "l'habit ne fait pas le moine"; je me demandai donc pourquoi une règle applicable aux hommes ne serait point applicable aux chiens, et, dans ma foi pour Cervantes et Sénèque, j'ouvris mes bras au cadeau que l'on me faisait.

M. Lerat parut plus content de me donner son chien que je ne l'étais de le recevoir; c'est le propre des bons cœurs d'aimer moins à recevoir qu'à donner.

— Les enfants, me dit-il en riant, l'appellent Pritchard. Vous serez libre, si le nom ne vous convient pas, de l'appeler comme vous voudrez.

Je n'avais rien contre le nom; mon opinion était même que, si quelqu'un avait à récriminer, c'était le chien.

Pritchard continua donc de s'appeler Pritchard.

Je revins à Saint-Germain—je n'habitais pas encore Monte-Cristo à cette époque—plus riche ou plus pauvre, comme on voudra, d'un chien et de deux chevaux que lorsque j'étais parti.

Je crois que plus pauvre est, dans l'espèce, préférable à plus riche, car un de mes chevaux eut le farcin, et l'autre se donna un écart; ce qui fit que je fus obligé de me défaire de tous les deux moyennant cent cinquante francs, et que le vétérinaire prétendit encore que j'avais fait une excellente affaire.

Ils m'avaient coûté deux mille francs.

Quant à Pritchard, sur lequel se reporte naturellement tout votre intérêt, vous allez voir ce qu'il advint de lui.

II

VATRIN ET SA PIPE

VATRIN regarda Pritchard d'un air méprisant.

— Bon! encore un *Englishman*! dit-il.

Il faut d'abord que vous connaissiez Vatrin.

Vatrin est un homme de cinq pieds six pouces, maigre, osseux, coupant. Il n'y a pas de buisson de ronces que ne taillent ses jambes, garnies de longues guêtres de cuir; il n'y a pas de coupe de dix ans que ne fende son coude, pointu comme une équerre.

Il est silencieux d'habitude, comme les gens accoutumés aux rondes de nuit; quand il a affaire à ses gardes, qui le tiennent pour un oracle, il se contente de leur faire un signe de l'œil ou un geste de la main: ils comprennent.

Un des ornements, je dirai presque un des appendices de son visage, c'est sa pipe.

Je ne sais si cette pipe a jamais eu un tuyau; moi, je l'ai toujours vue à l'état de brûle-gueule.

Et c'est tout simple: Vatrin fume sans cesse.

Or, pour passer dans les fourrés, il faut une pipe particulière, une pipe qui ne dépasse pas la longueur du nez, afin que la pipe et le nez travaillent d'un effort égal au passage de la figure.

A force de presser le tuyau de la pipe, les dents de Vatrin, celles qui pressent le tuyau, se sont arrondies en haut et en bas; de sorte que ce tuyau est pris comme dans une pince, d'où il ne bouge, une fois qu'il y est enserré. La pipe de Vatrin ne quitte sa bouche que pour s'incliner gracieusement sur les bords de sa blague, et se remplir, comme faisait l'amphore de la princesse Nausicaa à la fontaine, ou l'urne de Rachel au puits.

Aussitôt bourrée, la pipe de Vatrin reprend sa place dans sa pince; le vieux garde chef tire de sa poche son briquet, sa pierre, son amadou—Vatrin ne donne pas dans les idées nouvelles et dédaigne la *chimique*—puis il allume sa pipe, et, jusqu'à ce qu'elle soit complètement épuisée, la fumée sort de sa bouche avec la régularité et presque avec l'abondance de la fumée d'une machine à vapeur.

— Vatrin, lui disais-je un jour, quand vous ne pourrez plus marcher, vous n'aurez qu'à vous faire adapter deux roues, et votre tête servira de locomotive à votre corps.

— Je marcherai toujours, me répondit simplement Vatrin.

Et Vatrin disait vrai: le Juif errant n'était pas mieux traité que lui pour la course.

Il va de soi que Vatrin répond sans avoir besoin de quitter sa pipe; sa pipe est une espèce de végétation de sa mâchoire, un corail noir enté sur ses dents; seulement, il parle avec une sorte de sifflement qui n'appartient qu'à lui, et qui provient du peu d'espace que les dents laissent au son pour passer.

Vatrin a trois manières de saluer.

Pour moi, par exemple, il se contente de lever son chapeau et de le remettre sur sa tête.

Pour un supérieur, il ôte son chapeau et parle son chapeau à la main.

Pour un prince, il ôte son chapeau de sa tête et sa pipe de sa bouche.

Oter sa pipe de sa bouche est le plus haut signe de considération que puisse donner Vatrin.

Toutefois, sa pipe ôtée, il n'en desserre pas pour cela les dents d'une ligne; au contraire: les deux mâchoires, n'ayant plus rien qui les sépare, se rejoignent comme sous l'impulsion d'un ressort, et, au lieu que le sifflement diminue, le sifflement augmente, le son n'ayant plus, pour passer, la petite ouverture pratiquée par le tuyau de sa pipe.

Avec tout cela, rude chasseur au poil et à la plume, manquant rarement son coup, tirant la bécassine comme vous et moi pouvons tirer le faisan; connaissant ses passées, ses brisées, ses traces; vous disant, à la première inspection, à quel sanglier vous avez affaire, si c'est une bête rousse, un tiéran, un ragot, un solitaire ou un quartanier; reconnaissant la laie du sanglier, vous disant, à l'élargissement de sa pince, enfin, tout ce que la curiosité du chasseur désire savoir avant l'attaque de l'animal.

Vatrin regarda donc Pritchard, et dit: "Bon! encore un *Englishman*!"

Pritchard était toisé.

Vatrin n'admettait pas beaucoup plus le progrès pour les chiens que pour les briquets. Toute la concession qu'il avait pu faire aux progrès cynégétiques, c'était de passer du braque national, de l'honnête braque de nos pères, gris et marron, à la chienne anglaise à deux nez, blanc et feu.

Mais il n'admettait pas le pointer.

Aussi fit-il toute sorte de difficultés pour se charger de l'éducation de Pritchard.

Il alla jusqu'à m'offrir de me donner un chien à

lui, un de ces vieux serviteurs dont un chasseur ne se sépare que pour son père ou pour son fils.

Je refusai : c'était Pritchard que je voulais, et pas un autre.

Vatrin poussa un soupir, m'offrit un verre de vin dans le verre du général, et garda Pritchard.

Il le garda ; pas si bien cependant, que, deux heures après, Pritchard ne fût de retour à la villa Médicis.

J'ai déjà dit qu'à cet époque je n'habitais pas encore Monte-Cristo ; mais j'ai oublié de dire que j'habitais la villa Médicis.

Pritchard fut le malvenu ; il reçut une volée de coups de fouet, et Michel, mon jardinier, concierge, homme de confiance, fut chargé de le reconduire chez Vatrin.

Michel reconduisit Pritchard, et s'informa des détails de la fuite. Pritchard, enfermé avec les autres chiens du garde chef, avait sauté par-dessus la palissade, et il était revenu à la maison de son choix.

La palissade avait quatre pieds ; Vatrin n'avait jamais vu de chien faire un pareil saut.

Il est vrai que jamais Vatrin n'avait eu de pointer.

Le lendemain, lorsqu'on ouvrit la porte de la villa Médicis, on trouva Pritchard assis sur le seuil.

Pritchard reçut une seconde volée de coups de fouet, et Michel fut une seconde fois chargé de le reconduire à Vatrin.

Vatrin passa un vieux collier au cou de Pritchard, et mit Pritchard à la chaîne.

Michel revint, m'annonçant cette mesure acerbe mais nécessaire. Vatrin promettait que je ne reverrais Pritchard que lorsque son éducation serait finie.

Le lendemain, pendant que j'étais en train de

travailler dans un petit pavillon situé au plus profond du jardin, j'entends des abois furieux.

C'était Pritchard qui se battait avec un grand chien des Pyrénées, dont venait de me faire cadeau un de mes voisins, M. Challamel.

J'ai oublié, chers lecteurs, de vous parler de celui-là (le chien des Pyrénées); vous me permettrez de revenir sur son compte dans l'un des chapitres suivants. Cet oubli, du reste, serait calculé, qu'il pourrait passer pour une adresse; car il mettrait au jour une de mes vertus prédominantes: le pardon des injures.

Pritchard, tiré par Michel des dents de Mouton —on appelait le chien des Pyrénées *Mouton,* non pas à cause de son caractère: il eût été, sous ce rapport, fort mal nommé; mais à cause de son poil blanc, fin comme de la laine—Pritchard, disais-je, tiré des dents de Mouton par Michel, reçut une troisième volée, et fut reconduit pour la troisième fois chez Vatrin.

Pritchard avait mangé son collier!

Vatrin s'est demandé bien des fois comment Pritchard avait fait pour manger son collier, et jamais il n'est parvenu à trouver la réponse.

On enferma Pritchard dans une espèce de bûcher; de là, à moins qu'il ne mangeât la muraille ou la porte, Pritchard ne pouvait s'enfuir.

Il essaya de l'une et de l'autre, et, trouvant sans doute la porte plus digestible que la muraille, il mangea la porte, comme le père de *la Captive* de M. d'Arlincourt:

> Mon père, en ma prison, *seul à manger m'apporte.*

Le surlendemain, à l'heure du dîner, on vit entrer, dans la salle à manger, Pritchard, avec son plumet

au vent et ses yeux moutarde, pleurant de satisfaction.

Cette fois, on ne battit point Pritchard, on ne le
reconduisit point.

On attendit que Vatrin arrivât, pour établir un
conseil de guerre qui jugeât Pritchard déserteur
pour la quatrième fois.

III

COMMENT PRITCHARD PERD
UNE PATTE

A MON retour en France, je trouvai une maison que
je faisais bâtir sur la route de Marly à peu près achevée;
en quelques semaines, je fis placer les papiers et les
boiseries de tout un étage, de sorte que je pus con-
descendre au désir de mon propriétaire de la villa
Médicis, qui, ayant vu que j'avais dépensé de sept à
huit mille francs pour faire arranger sa maison, avait
conçu le désir tout naturel de rentrer dedans et de
profiter des améliorations que j'y avais faites.

Je quittai donc Saint-Germain pour aller habiter,
au Port-Marly, la fameuse maison qui fut baptisée
depuis, par madame Mélingue, du nom de Monte-
Cristo, et qui fit tant de bruit, depuis, de par le
monde.

Michel avait dès longtemps pris toutes ses disposi-
tions pour le logement des animaux; je dois dire qu'il
s'était beaucoup moins préoccupé du mien et même
du sien.

Je ne sais pas dans quel état est Monte-Cristo
aujourd'hui; mais ce que je sais, c'est que, de mon
temps, il n'y avait jamais eu ni mur, ni fossé, ni haie,
ni clôture quelconque; il en résulte que les gens
comme les bêtes pouvaient entrer à Monte-Cristo,
s'y promener tout à leur aise, cueillir les fleurs,
cueillir les fruits, sans crainte d'être prévenus de vol
avec escalade ou effraction. Quant aux animaux—

et c'est des chiens particulièrement que je veux parler—
Pritchard, qui était fort hospitalier de sa nature, leur
faisait les honneurs de la maison avec une désinvolture
et un désintéressement tout écossais.

Cette hospitalité s'exerçait de la part de Pritchard
de la façon la plus simple et la plus antique.

Il s'asseyait au beau milieu de la route de Marly,
allait à tout chien qui passait, avec ce grognement
moitié menaçant, moitié amical, qui constitue la
manière de s'aborder des chiens, souhaitait le bonjour
au nouveau venu, et se prêtait sans répugnance aucune
à la même cérémonie.

Puis, quand la sympathie s'était développée à l'aide
de ces attouchements, la conversation s'engageait à
peu près en ces termes :

— As-tu un bon maître ? demandait le chien étranger.

— Pas mauvais, répondait Pritchard.

— Est-on bien nourri chez ton maître ?

— Mais on a la pâtée deux fois par jour, des os au
déjeuner et au dîner, et, pendant le reste de la journée,
ce qu'on peut voler à la cuisine.

Le chien étranger se léchait les babines.

— Peste ! disait-il, tu n'es pas malheureux !

— Je ne me plains pas, répondait Pritchard.

Puis, voyant que le chien étranger devenait pensif :

—Te plairait-il, lui disait Pritchard, de dîner avec moi ?

Les chiens n'ont pas, dans ce cas, la sotte habitude
qu'ont les hommes, de se faire prier.

Le convié acceptait avec reconnaissance, et, à
l'heure du dîner, j'étais fort étonné de voir entrer, à
la suite de Pritchard, un animal que je ne connaissais
pas, qui s'asseyait à ma droite, si Pritchard s'asseyait
à ma gauche, et qui allongeait sur mon genou une patte

solliciteuse, de manière à me prouver que les meilleurs rapports lui avaient été faits sur ma charité chrétienne.

Invité sans doute par Pritchard à passer la soirée avec lui, comme il y avait passé la journée, le chien restait, trouvait le soir qu'il était trop tard pour retourner chez lui, se couchait à un endroit ou à un autre sur le gazon, et passait là sa grasse nuit.

Le matin, au moment de s'en aller, le chien faisait trois ou quatre pas vers la porte, puis, se ravisant, disait à Pritchard :

— Est-ce que ce serait bien indiscret si je restais dans la maison ?

Pritchard répondait :

— Avec certains ménagements, tu pourras parfaitement faire croire que tu es le chien du voisin ; au bout de deux ou trois jours, on ne fera plus attention à toi, et tu seras de la maison, ni plus ni moins que ces fainéants de singes qui ne font rien de la journée, que ce gourmand de vautour qui ne fait que manger des tripes, et que ce piaulard d'ara qui crie toute la journée sans savoir ce qu'il dit.

Le chien restait, se dissimulait le premier jour, me faisait la révérence le second, sautait après moi le troisième, et il y avait un hôte de plus dans la maison.

Cela dura jusqu'à ce que Michel me dît un jour :

— Monsieur sait-il combien il y a de chiens ici ?

— Non, Michel, répondis-je.

— Monsieur, il y en a treize.

— C'est un mauvais compte, Michel, et il faut prendre garde qu'ils ne se mettent à table tous ensemble ; il y en aurait infailliblement un qui mourrait le premier.

— Mais ce n'est pas cela, monsieur, me dit Michel.

— Qu'est-ce que c'est?

— C'est que ces gaillards-là mangeraient par jour un bœuf avec ses cornes.

— Croyez-vous qu'ils mangeraient les cornes, Michel? Moi, je ne crois pas.

— Ah! si monsieur le prend comme cela, je n'ai rien à dire.

— Vous avez tort, Michel; dites, je le prendrai absolument comme vous voudrez.

— Eh bien, si monsieur veut me laisser faire, je prendrai tout simplement un fouet, et je mettrai tout ça à la porte dès ce matin.

— Michel, mettons-y des formes; tous ces chiens, au bout du compte, en restant ici, rendent un hommage à la maison; donnez-leur aujourd'hui un grand dîner, prévenez-les que c'est le dîner d'adieu, et, au dessert, vous les mettrez tous à la porte.

— Comment monsieur veut-il que je les mette à la porte? Il n'y en a pas, de porte.

— Michel, repris-je, il faut supporter certaines charges qui sont les conditions du terrain, de la position sociale, du caractère que l'on a le malheur d'avoir reçu du ciel; puisque les chiens sont dans la maison, eh! mon Dieu! qu'ils y restent. Je ne crois pas que ce soient les bêtes qui me ruinent jamais, Michel; seulement, dans leur intérêt, veillez à ce qu'ils ne soient plus treize, mon ami.

— Monsieur, j'en chasserai un, afin qu'ils ne soient plus que douze.

— Non, Michel, laissez-en venir un, au contraire, afin qu'ils soient quatorze.

Michel poussa un soupir.

— Si c'était une meute, encore, murmura-t-il.

C'était une meute, une singulière meute : il y avait un loup de Vienne, il y avait un caniche, il y avait un barbet, il y avait un griffon, il y avait un basset à jambes torses, il y avait un faux terrier, un faux king-charles, il y avait jusqu'à un chien turc qui n'avait de poil par tout le corps qu'un plumet sur la tête et une bouffette au bout de la queue.

Eh bien, tout ça vivait ensemble dans la meilleure harmonie du monde ; c'était à donner des leçons de fraternité à un phalanstère ou à une confrérie de frères moraves. Il y avait bien, à l'heure des repas, quelques coups de dents donnés et rendus à droite et à gauche ; il y avait bien quelques querelles d'amour, dans lesquelles, comme toujours, le plus faible était vaincu ; mais la plus touchante harmonie, il faut le dire, se rétablissait dès que j'apparaissais dans le jardin. Alors, pas un qui, si paresseusement étendu qu'il fût au soleil ; qui, si douillettement qu'il fût couché sur le gazon ; qui, si amoureusement qu'il causât avec sa voisine, n'interrompît son repos, sa sieste, sa causerie, pour venir à moi l'œil tendu et la queue agitée. Tout cela essayait de me prouver sa reconnaissance, chacun à sa façon : les uns en se glissant familièrement entre mes jambes ; les autres en se dressant sur leurs pattes de derrière, et en faisant ce qu'on appelle les beaux ; les autres, enfin, en sautant par-dessus la canne que je leur tendais, soit pour l'empereur de Russie, soit pour la reine d'Espagne, mais refusant avec une obstination toute classique, de sauter pour ce pauvre roi de Prusse, le plus humble et le plus populaire de tous les monarques, non-seulement parmi son peuple, mais parmi les chiens de toutes les nations du monde.

On recruta une petite épagneule nommée Lisette, et le nombre des chiens fut porté à quatorze.

Eh bien, ces quatorze chiens, tout compte fait, me coûtaient cinquante ou soixante francs par mois. Un seul dîner, donné à cinq ou six de mes confrères, m'eût coûté le triple, et encore fussent-ils certainement sortis de chez moi en trouvant mon vin bon peut-être, mais, à coup sûr, ma littérature mauvaise.

Au milieu de toute cette meute, Pritchard s'était choisi un compagnon et Michel un favori; c'était un basset à jambes torses, court, trapu, marchant sur le ventre, et qui, de son plus grand train, eût bien fait une lieue en une heure et demie, mais, comme disait Michel, la plus belle gorge du département de Seine-et-Oise.

En effet, Portugo—c'était son nom—avait une des plus belles voix de basse qui eussent jamais été entendues sur la piste d'un lapin, d'un lièvre ou d'un chevreuil; quelquefois, la nuit, pendant que je travaillais, cette voix majestueuse se faisait entendre dans les environs, et c'était une voix à réjouir saint Hubert dans son tombeau. Que faisait Portugo à cette heure, et pourquoi veillait-il quand le reste de la meute dormait? Ce mystère me fut révélé un matin.

— Monsieur, me dit Michel, voudrait-il manger à son déjeuner une jolie gibelotte?

— Bon! lui demandai-je, est-ce que Vatrin a envoyé des lapins?

— Ah bien, oui, M. Vatrin, il y a plus d'un an que je ne l'ai vu.

— Eh bien, alors?

— Monsieur n'a pas besoin de savoir d'où vient le lapin, pourvu que la gibelotte soit bonne.

— Prenez garde, Michel! lui dis-je, vous vous ferez pincer, mon ami.

— Ah! par exemple! monsieur, je n'ai pas seulement touché une fois mon fusil depuis la fermeture de la chasse.

Je vis que Michel avait son parti pris de ne rien dire ce jour-là; mais je connaissais Michel et je savais bien qu'un jour ou l'autre il desserrerait les dents.

— Eh bien, oui, Michel, lui dis-je, je mangerais volontiers ce matin une gibelotte.

— Monsieur veut-il la faire lui-même, ou veut-il qu'Augustine la fasse?

— Qu'Augustine la fasse, Michel; j'ai à travailler ce matin.

Ce fut Michel qui me servit à déjeuner au lieu de Paul; il voulait jouir de ma satisfaction.

La fameuse gibelotte fut apportée à son tour. J'en suçai jusqu'au dernier os.

— Alors, monsieur l'a trouvée bonne? me demanda Michel.

— Excellente!

— Eh bien, monsieur peut en avoir une comme ça tous les matins, si ça lui fait plaisir.

— Michel, tous les matins? Il me semble que vous vous avancez beaucoup, mon ami.

— Je sais ce que je dis.

— Eh bien, Michel, nous verrons. Les gibelottes sont bonnes; mais il y a certain conte intitulé *le Pâté d'anguilles*, dont la morale est qu'il ne faut abuser de rien, pas même des gibelottes. D'ailleurs, avant de faire une pareille consommation de lapins, je voudrais savoir d'où ils viennent.

— Monsieur le saura la nuit prochaine, s'il veut venir avec moi.

— Quand je vous disais, Michel, que vous étiez un braconnier !

— Oh ! monsieur, c'est-à-dire que je suis innocent comme l'enfant qui vient de naître, et, comme je le dis à monsieur, s'il veut venir avec moi la nuit prochaine...

— Bien loin d'ici, Michel ?

— A cent pas seulement, monsieur.

— A quelle heure ?

— Au moment où monsieur entendra le premier coup de gueule de Portugo.

— Eh bien, c'est dit, Michel ; si vous voyez de la lumière dans ma chambre au moment où Portugo aboiera, je suis à vous.

J'avais à peu près oublié cette promesse faite à Michel et je travaillais selon mon habitude, lorsque, par un magnifique clair de lune, vers onze heures du soir, Michel entra dans ma chambre.

— Eh bien, lui dis-je, Portugo n'a pas aboyé, ce me semble ?

— Non, me dit-il ; mais j'ai pensé que, si monsieur attendait ce moment-là, il perdrait le plus curieux.

— Que perdrais-je donc, Michel ?

— Monsieur perdrait le conseil de guerre.

— Quelle conseil de guerre ?

— Celui qui se tient entre Pritchard et Portugo.

— Vous avez raison, ce doit être curieux.

— Si monsieur veut descendre, il verra.

Je suivis Michel, et, en effet, au milieu du bivac des quatorze chiens, couchés chacun à son caprice, Portugo et Pritchard, assis gravement sur leur der-

rière, semblaient débattre une question de la plus
haute importance.

Cette question débattue, Pritchard et Portugo se
séparèrent. Portugo sortit par la porte, suivit le
chemin du haut Marly qui contournait la propriété,
et disparut.

Quant à Pritchard, en chien qui a du temps devant
lui, il se mit à suivre au pas le petit sentier qui,
longeant l'île, montait au-dessus de la carrière.

Nous emboîtâmes le pas derrière Pritchard, qui
ne parut pas s'inquiéter de nous, quoique, évidem-
ment, il nous eût éventés.

Pritchard monta jusqu'au sommet de la carrière,
sommet planté d'une vigne qui s'étendait jusqu'au
chemin de Marly d'en haut; là, il explora avec le plus
grand soin le terrain, en suivant la ligne de la carrière,
rencontra une piste, la reconnut pour fraîche, fit
quelques pas dans le sillon tracé par un double rang
d'échalas, se coucha à plat ventre et attendit.

Presque en même temps, le premier coup de gueule
de Portugo se faisait entendre à cinq cents pas de là;
dès lors, la manœuvre était claire: le soir, les lapins
sortaient de la carrière et s'en allaient au gagnage;
Pritchard relevait la piste de l'un d'eux; Portugo
faisait un grand détour, attaquait le lapin; et, comme
un lapin ou un lièvre revient toujours sur sa passée,
Pritchard, traîtreusement embusqué, l'attendait au
retour.

En effet, comme les abois de Portugo se rappro-
chaient de plus en plus, nous vîmes l'œil moutarde
de Pritchard s'enflammer peu à peu comme une
topaze; puis, tout à coup, s'aidant de ses quatre
pattes pliées comme d'un quadruple ressort, il fit un

bond, et nous entendîmes un cri de surprise et de détresse tout à la fois.

— Le tour est fait, dit Michel.

Et il alla à Pritchard, lui prit des dents un fort joli lapin, l'acheva d'un coup sur la nuque, en fit la curée à l'instant même et en distribua les entrailles à Portugo et à Pritchard, qui partagèrent en frères, n'ayant probablement qu'un regret, c'est que l'intervention de Michel, appuyée de la mienne, les privât du tout pour ne leur laisser que la partie. Comme le disait Michel, j'eusse donc pu, si tel eût été mon désir, avoir tous les matins à déjeuner une gibelotte de lapin.

Mais, sur ces entrefaites, il se passait à Paris des choses qui rendaient mon séjour à la campagne impossible.

On ouvrait le Théâtre-Historique. Maintenant, comme ceci n'est ni un livre, ni un roman, ni une leçon de littérature, mais tout simplement un bavardage entre vous et moi, chers lecteurs, laissez-moi vous raconter la légende de ce pauvre Théâtre-Historique, qui a été un instant, vous vous le rappelez bien, la terreur du Théâtre-Français et l'exemple des autres théâtres.

S'il avait eu des chutes, il eût été soutenu par ces grands souteneurs de chutes qu'on appelle directeurs des beaux-arts : il n'avait eu que des succès, les directeurs des beaux-arts l'ont abandonné.

Voici donc comment la chose était arrivée. En 1845 ou 1846, je ne me rappelle plus bien, je donnais, au théâtre de l'Ambigu, mes premiers *Mousquetaires*.

M. le duc de Montpensier assistait à la première représentation. Un de mes bons amis, le docteur Pasquier, était son chirurgien. Après le cinquième ou sixième tableau, le duc de Montpensier m'envoya Pasquier pour me féliciter. Après la pièce, qui avait fini à deux heures du matin, Pasquier revint me dire que M. le duc de Montpensier m'attendait dans sa loge. J'y montai.

J'avais très peu connu M. le duc de Montpensier; lorsque, le 13 juillet 1842, son frère était mort, c'était presque un enfant encore, il avait dix-sept ou dix-huit ans; seulement, par les traditions fraternelles du duc d'Aumale et du prince de Joinville, il savait que son frère avait eu pour moi une grande amitié.

Je montai à la loge du duc de Montpensier avec une certaine émotion; chacun de ces quatre jeunes princes a en lui quelque chose de son aîné, et, à cette époque comme aujourd'hui, ce n'était pas sans un vif sentiment de douleur que je me trouvais ou me trouverais en contact avec l'un ou l'autre d'entre eux.

Le duc de Montpensier m'avait fait demander pour me renouveler les compliments qu'il m'avait déjà fait faire par l'intermédiaire de Pasquier. Le jeune prince, je le savais d'avance, était grand enthousiaste de cette suite de romans historiques que je publiais à cette époque, et particulièrement de cette épopée chevaleresque ayant pour titre *les Trois Mousquetaires*.

— Seulement, me dit-il, je vous ferai le reproche d'avoir fait jouer votre œuvre sur un théâtre secondaire.

— Monseigneur, lui dis-je, quand on n'a pas un théâtre à soi, on fait jouer ses pièces où l'on peut.

— Et pourquoi n'avez-vous pas un théâtre à vous? me demanda-t-il.

— Mais, monseigneur, par la raison, infiniment simple, que le gouvernement ne voudrait pas me donner un privilège.

— Vous croyez ça?

— J'en suis sûr.

— Bon! Et si je m'en mêlais?

— Ah! monseigneur, cela pourrait bien changer la face des choses; mais monseigneur ne prendra pas tant de peine.

— Pourquoi cela?

— Parce que je n'ai aucun titre pour mériter les bonnes grâces de monseigneur.

— Bah! qui vous a dit cela? De qui cela dépend-il, un privilège?

— Du ministre de l'intérieur, monseigneur.

— De Duchâtel, alors.

— Justement, et je dois avouer à Votre Altesse que je ne crois pas qu'il me porte dans son cœur.

— Au prochain bal de la cour, je danserai avec sa femme et j'arrangerai cela en dansant.

Je ne sais pas s'il y eut bal à la cour, je ne sais pas si le duc de Montpensier dansa avec madame Duchâtel; mais ce que je sais, c'est qu'un jour Pasquier vint me chercher en me disant que M. le duc de Montpensier m'attendait aux Tuileries.

Je montai en voiture avec Pasquier et me rendis chez M. le duc de Montpensier.

— Eh bien, me dit-il du plus loin qu'il m'aperçut, votre privilège est accordé; il ne me reste qu'à vous demander le nom du titulaire.

— M. Hostein, lui répondis-je.

Le duc de Montpensier prit le nom de M. Hostein sur ses tablettes; puis il me demanda où le théâtre serait bâti, par quelle pièce on commencerait, quelle impulsion je comptais lui donner. Je lui répondis que l'emplacement était déjà choisi et que c'était l'ancien hôtel Foulon; que la pièce par laquelle j'ouvrirais serait probablement *la Reine Margot*; que, quant à la direction que je comptais lui donner, c'était d'en faire un livre immense dans lequel, chaque soir, le peuple pût lire une page de notre histoire.

Le privilège fut signé au nom de M. Hostein; l'hôtel Foulon fut acheté; le Théâtre-Historique fut bâti, et il s'ouvrit, si je me le rappelle bien, un mois après mon retour d'Espagne et d'Afrique, par *la Reine Margot*, comme je l'avais dit à M. le duc de Montpensier.

L'ouverture du Théâtre-Historique, les répétitions, les représentations, les suites de la représentation enfin me tinrent à peu près deux mois à Paris.

La veille du jour où je devais retourner à Saint-Germain, je prévins Michel.

Michel m'attendait au bas de la montée de Marly.

— Monsieur, me dit-il, dès que je fus à portée de sa voix, il est arrivé deux grands événements à la maison.

— Lesquels, Michel?

— D'abord, Pritchard s'est pris la patte de derrière dans un *pierge*, et l'enragé, plutôt que d'y rester comme un autre chien aurait fait, s'est rongé la patte avec ses dents, monsieur, et il est revenu à la maison sur trois quilles.

— Mais le pauvre animal est mort à la suite de ça?

— Ah bien, oui, mort, monsieur! Est-ce que je n'étais pas là, moi?

— Que lui avez-vous fait, Michel?

— Je lui ai proprement coupé la patte à l'articulation, avec une serpette; je lui ai recousu la peau par-dessus, et il n'y paraît pas. Tenez, le *guerdin*, le voilà qui vous a flairé et il arrive.

En effet, Pritchard arrivait sur trois pattes, et à un tel galop, que, comme le disait Michel, il ne paraissait point qu'il eût perdu la quatrième.

La reconnaissance entre Pritchard et moi fut, comme on le comprend bien, pleine d'émotion de part et d'autre. Je plaignais beaucoup le pauvre animal.

— Bah! monsieur, me dit Michel, ça fait qu'à la chasse, il ne pointera plus tant.

— Et l'autre nouvelle, Michel? Car vous m'avez dit que vous en aviez deux à m'apprendre.

— L'autre nouvelle, monsieur, c'est que Jugurtha ne s'appelle plus Jugurtha.

— Pourquoi cela?

— Parce qu'il s'appelle Diogène.

— Et la raison?

— Regardez, monsieur.

Nous étions arrivés à l'allée de frênes qui conduisait à l'entrée de la villa; à gauche de l'allée, le vautour se prélassait dans un immense tonneau, défoncé à l'un de ses bouts par Michel.

— Ah! oui, je comprends, lui dis-je; du moment qu'il a un tonneau...

— C'est ça, répondit Michel; du moment qu'il a un tonneau, il ne peut plus s'appeler Jugurtha, il doit s'appeler Diogène.

Je restai en admiration devant la science chirurgicale et historique de Michel, comme, un an auparavant, j'étais resté en extase devant ses connaissances en histoire naturelle.

IV

LES DÉBUTS DE PRITCHARD
COMME BRACONNIER

COMME on sait, tout pays vignoble a sa double ouverture : son ouverture de blés et son ouverture de vignes ; ce qui peut se traduire par ces mots : tout pays vignoble a deux fausses ouvertures et n'en a pas une vraie.

On comprend que, dans ces récits du dessert qui égayent une table de chasseurs, Pritchard n'avait pas été oublié. J'avais de mon mieux raconté de vive voix ce que, chers lecteurs, je vous ai raconté avec la plume ; de sorte que Pritchard avait été invité en même temps que son maître, et était non moins impatiemment attendu que lui.

On ne craignait qu'une chose, c'est que l'amputation de Michel, pratiquée sur l'une de ses pattes de derrière, ne nuisît à la rapidité de ces évolutions dont j'avais essayé de donner une idée, et qui faisaient le caractère distinctif de l'originalité de Pritchard.

Je crus pouvoir d'avance répondre que non, et que Pritchard était de force à rendre une patte au meilleur coureur bourguignon, fût-ce même une patte de derrière.

Le 14 octobre, veille de l'ouverture des vignes, j'arrivai chez mon bon ami Charpillon, notaire à Saint-Bris, en prévenant par le télégraphe la cuisinière de ne rien laisser traîner.

Une heure après mon arrivée, il y avait déjà trois plaintes portées contre Pritchard qui, si elles eussent été portées contre des hommes, eussent conduit les coupables aux galères.

Il y avait vol simple, vol avec préméditation, vol avec effraction.

On vida un poulailler, on y fit entrer Pritchard, et l'on referma la porte sur lui.

Un quart d'heure après, je voyais flamboyer le plumet de Pritchard.

— Qui a lâché Pritchard? criai-je à Michel.

— Pritchard? Il n'est point lâché.

— Oui, allez voir au poulailler.

Pritchard avait pratiqué une évasion à la manière de Casanova, en faisant un trou au toit.

— Cherchez Pritchard, dis-je à Michel, et mettez-le à la chaîne.

Michel ne demandait pas mieux. Il avait des rages dans lesquelles il s'écriait, comme certains parents à leurs enfants:

— Ah! *guerdin*! tu ne mourras que de ma main, va!

Il s'élança donc à la poursuite de Pritchard.

Mais il eut beau courir les trois ou quatre rues de Saint-Bris. Pritchard était évanoui; il avait balancé sa queue à la manière dont un ami qui en quitte un autre lui fait des signes avec son mouchoir pour lui dire adieu.

— Ah! me dit Michel en rentrant, c'est fini!

— Qu'est-ce qui est fini, Michel?

J'avais complètement oublié Pritchard.

— Le guerdin y est allé pour son compte!

— Où?

— A la chasse donc!

— Ah! vous parlez de Pritchard?

— Justement. Impossible de mettre la main dessus; et ce qu'il y a de curieux, c'est qu'il a débauché Rocador.

— Comment! il a débauché Rocador?

— Oh! mon Dieu, oui; il l'a emmené avec lui.

— Impossible! dit Pierre.

Pierre était le Michel de Charpillon.

— Impossible, et pourquoi cela?

— Rocador était à la chaîne.

— Si Rocador était en effet à la chaîne..., hasardai-je.

— Laissez dire, fit Michel.

— Une chaîne en fer grosse comme le petit doigt, continua Pierre, usant de la permission.

— Au bout de la chaîne, qu'y avait-il? demanda Michel.

Puis, me clignant de l'œil:

— Attendez, me dit-il.

— Pardieu! au bout de la chaîne, ce qu'il y avait, un anneau scellé au mur.

— Je ne vous demande pas à ce bout-là, fit Michel; je vous demande à l'autre.

— A l'autre, il y avait le collier de Rocador.

— En quoi?

— En cuir, donc!

— Eh bien, il lui a rendu le service qu'on se rend entre amis: il lui a coupé son collier avec les dents. Allez voir le collier coupé comme avec un rasoir, quoi!

Nous allâmes voir le collier; Michel n'avait rien exagéré.

Il ne fut plus question de Pritchard jusqu'à dix

heures du soir; à dix heures du soir, on entendit gratter à la grande porte.

Michel, qui avait l'oreille au guet, alla ouvrir.

Je compris, aux cris que poussait Michel, qu'il se passait quelque chose d'inattendu.

Un instant après, les exclamations ayant toujours été se rapprochant, la porte du salon s'ouvrit et Pritchard entra majestueusement, tenant à sa gueule un magnifique lièvre parfaitement intact, sauf étranglement.

Rocador s'était arrêté à la hauteur de sa niche, et y était rentré.

Tous deux, comme deux bandits, étaient couverts de sang.

— Ceux qui ne connaissaient point Pritchard ne pouvaient concilier cette intégrité du lièvre avec cette maculation sanglante qui accusait les deux complices.

Seulement, nous avions échangé un coup d'œil, Michel et moi.

— Allons, Michel, dis-je, je vois que vous mourez d'envie de raconter comment la chose s'est faite. Racontez, Michel, racontez.

Michel prit la balle au bond.

— Voyez-vous, Pritchard, dit-il, c'est un malin. Il a été trouver Rocador et il lui a dit: "Veux-tu venir à la chasse avec moi, toi?" Rocador lui a répondu: "Tu vois bien que je ne puis pas, puisque je suis à la chaîne.—Imbécile, lui a répondu Pritchard, attends." C'est là qu'il l'a débarrassé de son collier. Alors, ils sont partis ensemble; ils ont reconnu la passée d'un lièvre; Pritchard s'est couché sur la passée et il a envoyé Rocador à la chasse. Quand le

lièvre est revenu sur ses brisées après son premier
parti, Pritchard a sauté dessus et l'a étranglé. Alors,
comme deux bons amis, ils ont dîné ensemble avec
le premier lièvre.

Pritchard écoutait avec la plus grande attention
ce que disait Michel; son nom, qui revenait à tout
moment, lui indiquait qu'on parlait de lui.

— N'est-ce pas, Pritchard, lui dit Michel, que cela
s'est passé comme ça?

Pritchard fit un petit cri qui pouvait, dans son
langage, équivaloir à l'adverbe *exactement*.

— Oui, mais l'autre lièvre? demanda un des assis-
tants; celui-ci...?

Et il montrait le lièvre qui gisait sur le parquet.

— Attendez donc, nous y voilà! répondit Michel.
Le premier lièvre mangé, Rocador a dit: "Ma foi,
je n'ai plus faim, j'ai bien dîné. M'est avis que ce que
nous avons de mieux à faire, c'est de revenir à la
maison." Mais Pritchard, qui est un roué fini, lui a
dit: "A la maison?...—Oui, à la maison, a répondu
Rocador.—Et qu'est-ce qui nous attend à la maison?
a répondu Pritchard.—Ah! diable! a fait Rocador.
—Une volée de coups de fouet; je connais Michel, a
dit Pritchard.—Et, moi, je connais Pierre, a dit
Rocador.—Eh bien, a continué cet intrigant de
Pritchard, il faut les désarmer.—Comment cela?—
Cherchons une autre passée, prenons un autre
lièvre, et, celui-là, nous le leur rapporterons." Rocador
a fait la grimace—il avait le ventre plein, il ne
se souciait plus de chasser—mais Pritchard a dit:
"Il n'y a pas de grimace qui tienne, mon bel ami,
tu vas chasser, et plus vite que cela, ou tu auras
affaire à moi." Et il a montré les dents à Rocador,

comme s'il riait. Rocador a vu qu'il fallait filer doux. Il s'est remis en chasse. On a repris un second lièvre. Pritchard lui a cassé les reins d'un coup de dent, et il l'a rapporté comme un grand câlin qu'il est.— N'est-ce pas, Pritchard?

Les auditeurs me regardèrent.

— Messieurs, leur dis-je, si Pritchard pouvait parler, il ne vous dirait pas un mot de plus, pas un mot de moins que ne vous a dit Michel.

— Pierre, dit le maître de la maison, porte ce lièvre-là à la cave; nous voilà au moins sûrs de notre rôti pour demain.

V

UN MAGISTRAT IRRÉPROCHABLE

Nous avons donc laissé notre ami Pritchard triomphant par la faute même qu'il avait commise, et amnistié de son escapade grâce au rôti qu'il rapportait pour le lendemain. Vous voyez, du reste, qu'il s'était fait, depuis son passage chez Vatrin, un énorme changement dans son éducation : autrefois, il emportait le rôti : aujourd'hui, il le rapportait.

Mais il est temps, sans nous éloigner de Pritchard, que nous commencions à nous rapprocher des poules, qui sont un des principaux objets de cet intéressant ouvrage.

Outre l'amour de son état, outre sa passion pour la chasse, Charpillon a le fanatisme des poules.

Aucune poule, à dix lieues à la ronde, ne peut être comparée à la plus infime poule de Charpillon ; ceci fut bien prouvé à la dernière exposition d'Auxerre, où les poules de Charpillon ont remporté une première médaille.

Ce sont surtout les bramas et les cochinchinoises qu'il pratique tout particulièrement.

Il va sans dire que notre cher ami n'est point un de ces éleveurs sans entrailles qui absorbent inhumainement leurs produits. Une fois entrée chez Charpillon, une poule, jugée digne de son harem emplumé, n'a plus à craindre ni la broche ni la casserole ; elle est sûre de vivre, au milieu des délices, son âge de poule.

Charpillon a poussé l'attention jusqu'à faire peindre en vert l'intérieur de son poulailler, afin que, toutes renfermées qu'elles sont, ses poules se puissent croire dans un pré. Pendant les premiers jours qui suivirent l'application de cette peinture sur les murs de l'appartement de ces gallinacées, l'illusion fut si grande, qu'elles ne voulaient pas rentrer le soir au poulailler, dans la crainte d'y attraper des fraîcheurs; mais violence leur fut faite; on les y enferma de force, et bientôt, malgré le peu d'éducabilité que contienne la tête d'une poule, la plus idiote comprit qu'elle avait le bonheur d'appartenir à un maître qui, savant appréciateur de la maxime d'Horace, avait résolu le problème qui consiste à *mêler l'utile à l'agréable.*

Une fois convaincues, grâce à la couleur verte de leurs lambris, qu'elles pondaient dans l'herbe, les poules de Charpillon pondirent avec une plus grande confiance, et, par conséquent, plus abondamment; ce qui, chez les autres poules, est une douleur qu'elles manifestent par un cri que, dans notre ignorance, nous prenons pour un chant, devint pour elles un amusement auquel elles se livraient régulièrement soir et matin.

Aussi leur réputation, aujourd'hui à son comble, commence-t-elle à se répandre dans le département.

Lorsqu'elles s'aventuraient dans l'une ou l'autre des trois rues de Saint-Bris, si quelque ignorant de la merveille que renfermait le village bourguignon, s'écriait:

— Oh! les belles poules!

Une voix mieux informée, répondait à l'instant même:

— Je crois bien; ce sont les poules de M. Charpillon

Puis, si la personne à laquelle appartenait cette voix était douée d'un caractère envieux, elle ne manquait pas d'ajouter, avec une intonation grincheuse :

— Je le crois bien ! des poules à qui l'on ne refuse rien.

Les poules de Charpillon, moins les couronnes obtenues par elles à la dernière exposition, étaient donc arrivées au plus haut degré de popularité auquel des poules, si cochinchinoises qu'elles soient, peuvent raisonnablement atteindre.

Mais cette popularité, qui ne leur permettait pas de garder l'incognito, avait parfois ses inconvénients.

Un jour, le garde champêtre vint, d'un air embarrassé, trouver Charpillon.

— Monsieur Charpillon, lui dit-il, j'ai surpris vos poules dans une vigne.

— Mes poules ! vous en êtes sûr, Coquelet ?

— Parbleu ! avec cela qu'elles ne sont pas reconnaissables, vos poules, les plus belles poules du département de l'Yonne !

— Eh bien, qu'avez-vous fait ?

— Rien ; je suis venu vous prévenir.

— Vous avez eu tort.

— Comment cela ?

— Oui ; il fallait dresser un procès-verbal.

— Dame, monsieur Charpillon, j'ai pensé que, comme vous êtes adjoint...

— Raison de plus : comme magistrat, je dois l'exemple.

— Oh ! pour une pauvre petite fois que ces malheureuses bêtes ont grappillé...

— Elles sont doublement dans leur tort. Elles ne manquent de rien ici ; par conséquent, si elles vont dans les vignes, c'est qu'elles ont la protubérance de la maraude: il ne faut donc pas laisser à leurs mauvais instincts le temps de se développer. Un bon procès-verbal, Coquelet! un bon procès-verbal!

— Cependant, monsieur Charpillon...

— Coquelet, comme adjoint, je vous en donne l'ordre.

— Mais, monsieur, à qui porterai-je mon procès-verbal?

— Au maire, parbleu!

— Vous savez bien que M. Gaignez est à Paris.

— Eh bien, vous me l'apporterez, à moi.

— A vous?

— Sans doute.

— Et vous approuverez un procès-verbal dressé contre vos propres poules?

— Pourquoi pas?

— Ah! dans ce cas, c'est autre chose...Mais vous savez, monsieur Charpillon?

— Quoi, Coquelet?

— Je ne suis pas fort sur la rédaction.

— Ce n'est pas une chose bien difficile que la rédaction d'un procès-verbal.

— Il y a procès-verbal et procès-verbal, monsieur Charpillon.

— Allons donc! "Je, soussigné, garde assermenté, déclare avoir reconnu et saisi les poules de M. Charpillon, notaire et adjoint de la commune de Saint-Bris, picorant dans la vigne de monsieur un tel, ou de madame une telle." Voilà tout.

— C'était dans la vigne de M. Raoul.

— Eh bien: "Dans la vigne de M. Raoul," et vous signez: "Coquelet."

— La signature, ça va encore, monsieur Charpillon, parce que je m'y suis appliqué; mais l'écriture...

— Oui, je comprends: il y a des zigzags?

— Oh! s'il n'y avait que cela!...Je voyais, l'autre jour, de la musique imprimée qui en était pleine, de zigzags.

— Qui fait donc vos procès-verbaux?

— C'est le maître d'école.

— Allez trouver le maître d'école, alors.

— Il ne sera pas chez lui aujourd'hui, c'est fête.

— Alors, allez-y demain.

— Il n'y sera pas non plus, c'est demi-fête.

— Coquelet, dit Charpillon fronçant le sourcil, vous cherchez des prétextes pour ne pas verbaliser contre moi!

— Dame, monsieur Charpillon, je fais un procès-verbal aujourd'hui contre vous, ça vous convient, à merveille! mais, plus tard, si cela venait à vous déplaire, je ne voudrais pas me brouiller avec mon adjoint.

— Eh bien, Coquelet, dit Charpillon, je vais mettre votre responsabilité à couvert.

Et, prenant dans le tiroir de son bureau une feuille de papier de sept sous, Charpillon rédigea un procès-verbal dans toutes les formes, que n'eut plus qu'à signer le père Coquelet.

En se voyant en quelque sorte couvert par l'écriture de son adjoint, le père Coquelet n'hésita plus et signa.

Ce procès-verbal conduisit, quinze jours après, Charpillon devant le tribunal d'Auxerre.

Charpillon s'y défendit, ou plutôt s'y accusa lui-même.

Il avoua le délit, se rendit solidaire de ses poules,

et repoussa les circonstances atténuantes que faisait valoir le procureur de la République.

Charpillon fut donc condamné au maximum de la peine, c'est-à-dire quinze francs d'amende et les frais.

Mais un grand exemple fût donné à la commune de Saint-Bris et aux communes environnantes.

Et quel est le grand exemple qui ne vaille pas quinze francs?

Les poules de Charpillon avaient cependant une excuse à faire valoir.

La nourriture incrassante qu'elles recevaient de la main de leur maître, en les faisant passer peu à peu à l'état de poulardes, nuisait à la régularité de leur pondaison.

Ce que le procès-verbal avait traité de gourmandise était tout simplement pour les pauvres bêtes une mesure d'hygiène inspirée par la nature, comme celle qui fait manger aux chiens certaine herbe laxative.

Un de nos amis, médecin, et excellent médecin, le docteur Drouin, ne dédaigna pas de donner au moderne Aristide cette explication, toute en faveur de l'espèce bramaïque et cochinchinoise.

En effet, la pondaison se ralentissait visiblement.

Charpillon cueillit du raisin dans les vignes et rétablit l'équilibre un instant dérangé.

La régularité de la pondaison non seulement reprit son cours pendant les vendanges, mais encore, grâce à des feuilles de laitue et de chicorée substituées au raisin absent, se continua dans les mois où, d'ordinaire, cette pondaison languit ou même cesse tout à fait.

Charpillon, en m'invitant à la chasse, et sachant ma prédilection pour les œufs frais, n'avait pas craint de m'écrire:

"Venez, cher ami! et vous mangerez des œufs comme jamais vous n'en avez mangé."

J'étais, en conséquence, allé à Saint-Bris, non seulement dans l'espoir de voir un ami que j'aime comme un frère, non seulement dans l'espoir de tuer force lièvres et force perdrix sur les terres de Gaignez et de M. Raoul, mais encore dans celui de manger des œufs comme jamais je n'en avais mangé.

Le jour de mon arrivée, je dois le dire, le succès avait dépassé l'espérance de Charpillon lui-même: on m'avait servi, à mon déjeuner, des œufs couleur nankin, dont j'avais, avec la délicatesse d'un véritable gourmet, apprécié les qualités supérieures.

Mais les jours se suivent et ne se ressemblent pas!

VI

MON MEILLEUR DRAME ET MON MEILLEUR AMI

CE fut cette année-là que je partis pour le département de l'Yonne et que je fis connaissance avec mes deux excellents compagnons de chasse Gaignez et Charpillon. Mais, cette année, je l'ai dit, il ne fallait pas songer à la chasse.

Je me trompe. Je fis, au contraire, la plus rude chasse que j'eusse jamais faite : la chasse aux électeurs.

J'ai déjà raconté, je ne sais où, que, neuf cents individus s'étant trouvés en France plus intelligents que moi, j'étais revenu bredouille.

Faites-vous expliquer, chères lectrices, par le premier venu de mes confrères en saint Hubert, ce que veulent dire ces deux mots : revenir *bredouille*.

Et cependant, en me présentant aux électeurs comme député, je faisais un sacrifice à la patrie.

Comme député, je ne touchais plus que vingt-cinq francs par jour, tandis que, comme journaliste, je continuais d'en gagner trente et un.

La situation dura un an.

Je parle de ma situation, et non de celle de la France.

Pendant cette année, je vis s'accomplir le quinzième changement de gouvernement auquel j'aie assisté depuis le jour de ma naissance.

Vers le 25 août 1849, je me trouvais avoir devant moi une somme de trois cents francs.

Comme la chose peut paraître extraordinaire en ces jours de disette, hâtons-nous de dire que je ne l'avais ni empruntée ni volée.

Non. Mais j'avais fait un drame intitulé *le Comte Hermann*.

Il pousse autour de chacun de mes drames qui vient au monde tant d'histoires incroyables que chacun fait semblant de croire, que je ne suis pas fâché de raconter un peu en détail la naissance de celui-ci.

Un jour, un de mes confrères, nommé Lefebvre, vient m'apporter une comédie reçue au Vaudeville et ayant pour titre : *une Vieille Jeunesse.*

Malgré mes instances pour ne pas l'entendre, il me la lut en me priant de refaire la pièce, et de devenir son collaborateur.

J'ai toujours eu la terreur de la collaboration, et, par facilité de caractère, je m'y suis cependant toujours laissé entraîner.

Cette fois, je résistai, et, quoique j'entrevisse à travers un brouillard les cinq actes d'un grand et beau drame qui n'aurait aucun rapport avec la petite comédie en trois actes que me lisait Lefebvre, je lui répondis :

— Je ne veux pas travailler à votre pièce. Faites-la jouer, puisqu'elle est reçue ; tirez-en le plus d'argent possible, et, quand le théâtre l'aura abandonnée, moi, je vous donnerai mille francs de votre sujet.

Lefebvre entrevoyait un moyen de tirer plus d'argent de sa pièce morte qu'il n'en espérait de sa pièce vivante ; aussi me fit-il répéter, ne comprenant rien à ma proposition.

Je la lui répétai; il la comprit, et l'accepta.

Six mois après, la pièce était jouée, elle était tombée, morte de la chute, et son auteur m'apportait le cadavre.

La pièce n'avait pas même été imprimée.

Comme toujours, je laissai reposer le sujet, jusqu'à ce que le désir m'en prît. Un beau matin, *le Comte Hermann* se trouva fait dans ma tête; huit jours après, il était couché sur le papier. Un mois après, il se relevait sur les planches du Théâtre-Historique, sous les traits de Mélingue, appuyé au bras de madame Person et de Laferrière.

C'était un de mes meilleurs drames, ce fut un de mes plus beaux succès.

En somme, grâce à ce succès, je me trouvai, comme je l'ai dit, vers le 25 août, possesseur d'une somme de trois cents francs.

J'entendis parler alors d'un certain M. Bertram ayant une chasse à louer aux environs de Melun. Je courus chez lui: il demeurait rue des Marais-Saint-Germain, à un quatrième étage.

La chasse n'était point à lui; elle appartenait à M. de Montesquieu.

Son prix était de huit cents francs.

Nous débattîmes un instant la somme, et il me laissa le loyer de la chasse pour six cents francs, sauf une condition.

Je partirais le lendemain avec un mot de lui, je ferais le tour du terroir, accompagné du garde, auquel ce mot était adressé, je m'assurerais de la quantité de gibier que la chasse contenait, et, si j'étais content, nous signerions au prix susindiqué.

Le lendemain, en effet, je pris avec moi Pritchard,

j'emportai mon fusil, une douzaine de cartouches et je partis par le chemin de fer de Melun.

A Melun, je m'enquis du lieu où ma chasse était située, et, moyennant cinq francs, une voiture se chargea de me conduire et de me ramener.

La moisson avait été très précoce cette année, de sorte que, dans le département de la Seine et dans les départements environnants, la chasse s'était ouverte la veille, 25 août.

Je trouvai le garde; il prit connaissance du billet de M. Bertram, qui m'autorisait en même temps à tirer quelques coups de fusil, et, comme son désir le plus vif était que la chasse fût louée—ce qui n'était pas arrivé, l'année précédente—le garde, après avoir jeté un coup d'œil assez méprisant sur Pritchard, se mit en route, me montrant le chemin.

En sortant de sa maison, on entrait en chasse.

Pritchard monta sur un petit tertre et aperçut au loin une pièce de betteraves qui verdoyait.

Il traversa rigidement et en droite ligne une pièce de terre labourée, se dirigeant vers les betteraves.

Je le laissai faire insoucieusement.

— Monsieur, me dit le garde, je vous ferai observer que votre chasse n'a que cinq cents arpents de terre; qu'il y a, sur ces cinq cents arpents de terre, huit ou dix compagnies de perdreaux et trois ou quatre cents lièvres; si vous ne retenez pas votre chien, il va attaquer la meilleure de nos pièces, et en faire partir cinq ou six lièvres et deux ou trois compagnies de perdreaux avant que nous l'ayons atteinte.

— Ne vous inquiétez pas de Pritchard, lui dis-je. Il a sa manière de chasser à lui, manière à laquelle je suis accoutumé. Laissons-le dans sa pièce de

betteraves, et voyons ce qu'il y a dans ce champ
labouré qui nous sépare d'elle.

— Il doit y avoir deux ou trois lièvres, monsieur.
Eh! tenez, tenez!... en voilà un qui part devant vous.

Avant que le garde eût achevé, le lièvre était mort.

Pritchard ne s'inquiéta pas du coup de fusil, et fit
le tour de la pièce pour prendre le vent.

Pendant ce temps, un second lièvre me partait; je
lui envoyai un second coup de fusil.

Il était si grièvement blessé, qu'au bout de cent
pas, il fut obligé de s'arrêter, puis s'étendit; il était
mort, comme le premier.

Pritchard, qui était tombé en arrêt, ne s'inquiéta
ni du coup de fusil, ni du lièvre, qui était allé mourir
à vingt pas de lui.

Le garde se chargea des deux lièvres, en me faisant
observer que le billet de M. Bertram m'autorisait
bien à tirer quelques coups de fusil, mais que lui
croyait devoir me prier de ne plus tirer sur les lièvres,
de chasser les perdrix seulement.

— En ce cas, lui dis-je, faisons un détour, et
prenons le vent comme a fait Pritchard.

— Ah! monsieur, me dit le garde, votre chien ne
vous attendra pas!

— Soyez tranquille, lui dis-je. Vous allez le voir
travailler. Seulement, si vous avez quelque chose à
faire, votre pipe à allumer, par exemple, allumez-la.

— Merci, je viens de la remettre dans ma poche.

— Eh bien, alors, dis-je en tirant une gourde de
ma poche, buvez une goutte de cette eau-de-vie; c'est
d'excellente fine champagne.

— Ah! une goutte d'eau-de-vie, monsieur, ça ne
se refuse pas, dit le garde. Mais votre chien?...

— Oh! mon chien, je vous ai dit que nous avions
le temps, prenons-le.

— Savez-vous qu'il y a déjà cinq minutes qu'il est
en arrêt?

— Combien nous faut-il pour le rejoindre?

— Cinq autres minutes, à peu près.

— Et cinq minutes pour nous reposer. Quand nous
l'aurons rejoint, ça nous fera un quart d'heure.

— Voilà un crâne chien, tout de même! dit le garde.
C'est malheureux qu'il lui manque un œil et une patte.

— Regardez-le bien quand nous l'aurons rejoint,
lui dis-je en riant, et vous verrez qu'il lui manque
encore autre chose.

Nous rejoignîmes Pritchard au bout de cinq minutes.

— Dans cinq minutes, dis-je au garde, nous allons
essayer de lui tuer deux perdrix devant le nez, et, si
nous réussissons, vous verrez qu'il ne bougera pas de
son arrêt, que je n'aie eu le temps de recharger mon
fusil.

— S'il le fait comme vous le dites, répliqua le
garde, c'est un chien qui vaut cinq cents francs comme
un liard.

— Oui, répondis-je, pendant les huit premiers
jours, c'est-à-dire tant que le gibier tient. Maintenant,
ajoutai-je, nous allons essayer une chose. D'après le
rayon visuel de Pritchard, il me paraît arrêter à dix
pas à peu près devant lui. Eh bien, je vais reculer de
quinze pas; j'enverrai mon coup de fusil où il regarde,
probablement au milieu d'une bande de perdrix; si je
n'en tue pas, et que les perdrix restent, Pritchard ne
bougera pas; si j'en tue une ou deux, et que les autres
ne s'envolent pas, Pritchard ne bougera pas davantage;
si toute la bande s'envole, et que, parmi la bande, il

y en ait une blessée, Pritchard la suivra jusqu'à ce qu'elle tombe.

Le garde fit un signe des épaules et de la tête, qui signifiait: "Dame, s'il fait cela, je n'ai rien à dire."

Je reculai de quinze pas, je m'agenouillai, et, dans la direction du nez de Pritchard, je lâchai mon coup de fusil.

Deux perdrix firent la culbute, montrant leur ventre blanc et se débattant, tandis qu'à quatre pas d'elles, un lièvre partait, détalant comme si le coup de fusil avait été tiré pour lui.

Pritchard ne bougea pas.

— Eh bien? dis-je au garde.

— Ah! fit-il, allons jusqu'au bout, monsieur; c'est trop curieux.

Je rechargeai mon fusil et rejoignis Pritchard.

Pritchard me regarda comme pour me demander si j'étais prêt, et, sur ma permission, força l'arrêt.

Une bande de quinze ou seize perdrix partit.

J'en tuai une du premier coup; du second, j'en blessai une dans les reins, et, selon l'habitude des perdrix blessées à cet endroit, elle s'éleva d'un vol presque vertical.

Ce que j'avais prédit arriva: Pritchard ne s'occupa que d'elle, la suivit à la fois de l'œil et de la course, et, quand au bout de son vol, elle tomba lourdement, ce fut presque dans sa gueule.

Il n'y avait pas besoin de pousser la chasse plus loin. Je savais ce que je voulais savoir: le terrain était giboyeux. Je revins à Paris. Je courus chez mon ami d'Orsay, je lui fis part de ma bonne fortune.

Je le trouvai occupé à faire un buste de Lamartine.

D'Orsay, le comte d'Orsay, frère de la belle madame

de Grammont, est un de ces hommes dont j'aime à retrouver de temps en temps le nom sous ma plume. J'ai toujours quelque chose à en dire de nouveau ; et non seulement de nouveau, mais encore de bon.

D'Orsay faisait donc le buste de Lamartine ; car, en même temps qu'il était un grand seigneur, d'Orsay était un grand artiste : il dessinait et sculptait avec une élégance parfaite. Peut-être la science avait-elle quelque chose à reprendre à ses dessins et à sa sculpture ; mais nul n'avait comme lui le sentiment de l'idéal.

Le seul portrait qui nous soit resté de Byron, celui que le poète a exigé que l'on mit à la tête de ses œuvres, était de d'Orsay.

Ce goût extrême l'accompagnait dans tout ; médiocrement riche et forcé, vers la fin de sa vie, de regarder à ses dépenses après avoir été l'homme le plus fashionable de France et d'Angleterre, il avait loué je ne me rappelle plus dans quelle rue, pour huit cents francs, une espèce de grenier dont il avait fait l'atelier le plus élégant de tout Paris.

Pendant dix ans, il avait donné le ton à la France et à l'Angleterre ; son tailleur, dont il fit la fortune, était renommé pour son habileté à habiller les gens selon la classe à laquelle ils appartenaient, faisant des distinctions d'une subtilité incroyable.

Un jour, un gentilhomme campagnard, ami de d'Orsay, vient passer un mois à Londres ; il va faire une visite au comte, et lui dit :

— Cher ami, me voici ; mais ce n'est pas le tout, je viens passer un certain temps à Londres ; je voudrais ne pas être ridicule, je ne suis ni un dandy, ni un marchand de la Cité, je suis un gentilhomme campagnard; regardez-moi bien, et dites à votre tailleur comment il doit m'habiller.

D'Orsay le regarde, va à la collection de ses cannes—d'Orsay avait cinquante ou soixante cannes —en choisit une dont la poignée était une patte de chevreuil recourbée et ferrée d'argent.

— Tenez, dit-il à son ami, allez trouver Blindem, et dites-lui de vous habiller pour cette canne-là.

Et Blindem habilla le gentilhomme pour cette canne et sur la seule vue de cette canne, et jamais le gentilhomme, il l'avoua lui-même, ne fut mieux habillé.

C'étaient des merveilles que les dessins de d'Orsay.

Je me rappelle un soir où, chez Masnef, jeune Russe de mes amis, il passa la soirée à faire, de nous tous, des dessins à la mine de plomb.

Jamais je n'ai vu collection plus curieuse que cette collection, au milieu de laquelle se trouvait le portrait d'une jeune fille, charmante incontestablement, mais qu'il avait fait, chose rare, je ne dirai pas plus jolie, mais plus angélique qu'elle n'était.

Qu'est devenu ce portrait, auquel il n'y avait qu'à mettre des ailes, pour qu'on le crût de Beato Angelico?

D'Orsay était non seulement élégant, mais encore d'une beauté parfaite; non seulement d'une beauté parfaite, mais encore d'un esprit charmant. Il fut ainsi jusqu'à la fin de sa vie.

Je venais lui proposer de prendre la chasse à nous deux.

Il y consentit, mais à la condition que nous nous adjoindrions le duc de Guiche, son neveu, aujourd'hui duc de Grammont, ambassadeur à Vienne.

Je ne pouvais rien désirer de mieux: j'aimais Guiche

autant que j'aimais d'Orsay, c'est-à-dire de tout mon cœur.

Nous prîmes donc la chasse à nous trois.

Comme il n'y avait pas de temps à perdre, nous résolûmes d'en faire l'ouverture dès le surlendemain.

Nous allâmes signer le bail, le même jour, chez maître Bertram, qui nous fit une petite restriction: c'est que, pour nos six cents francs, nous ne pourrions tuer que cent lièvres, ce qui nous faisait trente-trois lièvres chacun; les perdrix étaient par-dessus le marché.

Celui qui tuait un lièvre de plus que son compte était quitte pour repayer cinq francs au garde.

A midi, le jour de l'ouverture, j'avais tué onze lièvres.

Inutile de dire que Pritchard avait été, de la part de mes deux aristocrates amis, l'objet d'une raillerie dont, selon son habitude, il se tira à son honneur.

VII

LA MORT DE PRITCHARD

L'ANNÉE suivante, j'allai retrouver M. Bertram, comptant bien, vu les bonnes relations qui avaient existé entre nous, et les quelques pièces de gibier que je lui avais envoyées pendant le cours de la chasse, obtenir de lui les mêmes conditions que l'année précédente.

Je me trompais du tout au tout.

Le prix de la chasse était doublé. Mes moyens ne me permettant pas d'atteindre à une si forte somme, je me décidai à aller chasser chez un de mes amis qui habite la Normandie.

Son château était à quelques lieues de Bernay.

Il y avait malheureusement très peu de couvert dans les environs de Bernay, et le talent de Pritchard ne trouva point à s'exercer.

Je fis une assez mauvaise chasse, quoique je me fusse dérobé, comme on dit en termes de turf, craignant les tours habituels de Pritchard à l'endroit de mes compagnons.

Je revenais donc avec quelques perdrix et un lièvre seulement dans le carnier de Michel, lorsque je rencontrai un paysan tenant en laisse une belle chienne marron, qui paraissait avoir trois ou quatre ans.

—Pardieu! dis-je à Michel, si ce brave homme voulait se défaire de sa chienne à un prix raisonnable, voilà une bête qui ferait bien mon affaire.

D   4

— Mais, répondit Michel, monsieur sait qu'il a chargé son ami Devisme de lui acheter un chien et qu'il lui a ouvert à cet effet un crédit de cent cinquante francs.

— Bah! dis-je à Michel, Devisme m'aura oublié. S'il m'avait acheté un chien, il me l'eût acheté pour l'ouverture; la veille de l'ouverture, tous les chiens sont à acheter; quinze jours après, tous les chiens sont à vendre. Voyez ce brave homme, insistai-je, et parlez-lui.

Michel s'approcha du paysan.

— Morgué! dit celui-ci à Michel, voilà un monsieur qui devrait bien m'envoyer noyer son chien qui n'a plus que trois pattes et un œil (il ne voyait pas ce qui manquait encore à Pritchard), au lieu de ma chienne, et prendre ma chienne à sa place.

— Est-ce que vous allez *neyer* votre chienne, mon brave homme? lui demanda Michel.

— Ah! monsieur, si ce n'est pas aujourd'hui, il faudra bien que ce soit demain. Ils ne savent de quoi s'aviser! est-ce qu'ils ne viennent pas de mettre un impôt de dix francs par tête de chien; tandis que, nous autres, nous ne payons que deux francs! Est-ce que ce n'est pas humiliant qu'une bête qui n'a pas la parole paye cinq fois plus qu'un homme? Eh bien, non, quoi! on n'est pas assez riche par le temps qui court, quand on nourrit deux enfants, pour nourrir encore un chien par-dessus le marché, surtout quand ce chien paye dix francs d'imposition.

— De sorte, dit Michel, que vous offrez votre chienne à monsieur?

— Oh! de grand cœur! dit le paysan; car je suis sûr qu'elle sera bien avec lui.

— Comme une princesse! dit Michel.

Michel, en homme prudent, ne s'engageait pas trop, comme vous le voyez.

— Eh bien, donc, dit le paysan avec un soupir, offrez Flore au monsieur.

Michel revint à moi.

— Avez-vous été heureux dans votre négociation, Michel, demandai-je, et le maître de la chienne est-il raisonnable?

— Vous allez en juger, monsieur, répondit Michel: il vous l'offre pour rien.

— Comment, pour rien?

— Oui, imaginez-vous qu'il allait justement la *neyer*. Michel n'a jamais reconnu pour français le verbe *noyer*; il s'appuyait sur ce dilemne, au moins spécieux, qu'il était impossible qu'une langue aussi riche que la langue française n'eût qu'un même mot pour un substantif qui porte des noix, et pour un verbe qui donne la mort.

Il avait donc enrichi la langue française du mot *neyer*, comme M. de Jouy avait enrichi la langue latine du mot *agreabilis*.

— Et pourquoi cet homme noyait-il sa chienne? demandai-je à Michel. Est-ce qu'elle est enragée?

— Non, monsieur, douce comme un mouton, au contraire! mais, que voulez-vous! il la *neye*, cet homme, parce qu'il n'a pas de pain de trop à la maison pour lui, sa femme et ses deux enfants.

— Tenez, Michel, voilà dix francs; portez-les-lui, et ramenez-moi la pauvre bête.

— C'est que,... dit Michel embarrassé, je dois avouer à monsieur une chose.

— Laquelle?

— C'est que la chienne s'appelle Flore.

— Dame! Michel, le nom est prétentieux; mais, que voulez-vous! une chienne ne mérite pas d'être jetée à l'eau parce qu'elle s'appelle comme la déesse du printemps.

En sa qualité de jardinier, Michel réclama.

— Je croyais, monsieur, dit-il, que c'était la déesse des jardins.

— Michel, sans faire tort à vos connaissances mythologiques, les jardins ont pour divinité protectrice non pas une déesse, mais un dieu que l'on appelle Vertumne.

— Tiens, fit Michel, comme M. Vertumne du Théâtre-Français, à qui je demandais des billets.

— Verteuil, vous voulez dire, Michel? Un charmant garçon!

— Il a ses jours... Eh bien, moi, je l'ai toujours appelé Vertumne.

— Les jours où vous l'appeliez Vertumne étaient probablement ses mauvais jours; mais, moi, comme je l'ai toujours appelé Verteuil, je ne me suis jamais aperçu de ce que vous dites.

— C'est égal, il devrait se marier.

— Qui? Verteuil?

— Non, votre Vertumne; il devrait épouser Flore.

— Vous vous y prenez trop tard pour faire la demande, Michel: il a épousé, voici tantôt deux mille huit cents ans, une nymphe de fort bonne maison, nommée Pomone.

— Ah! fit Michel visiblement contrarié.

Puis, revenant au premier sujet de notre conversation:

— Ainsi, reprit-il, ça vous est égal que la chienne s'appelle Flore ?

— Le nom, comme je vous l'ai déjà dit, est un peu prétentieux ; mais bah ! je m'y habituerai.

Michel fit quelques pas vers le paysan ; puis il revint presque aussitôt en se grattant le bout du nez — habitude qu'il avait prise depuis le jour où Turc, chien idiot dont nous avons dit peu de choses parce qu'il y avait peu de choses à en dire—avait failli, d'un coup de dents, séparer le bout du nez de Michel de sa base.

— Que voulez-vous, Michel ?

— Je réfléchis, monsieur, que, du moment où je lui donne dix francs, à cet homme, et cela pour une chienne qu'il allait *neyer*, j'ai bien le droit de lui demander si elle rapporte et si elle arrête.

— Michel, ce sont bien des choses pour dix francs ! On n'en demande pas davantage à un chien qui coûte cent écus. Michel, donnez dix francs à l'homme, prenez Flore, et... à la grâce de Dieu !

Michel donna les dix francs au paysan et ramena Flore. Dieu nous fit la grâce qu'elle arrêtât et qu'elle rapportât comme un chien de cent écus.

Seulement, son nom mythologique lui porta malheur : Flore mourut comme Eurydice.

Flore était une honnête chienne, n'ayant ni grands défauts, ni grandes qualités ; bien certainement, sans le hasard qui fit qu'elle me rencontra sur son chemin, sa vie serait restée dans l'obscurité la plus complète, dont sa mort, quelle qu'elle fût, n'aurait pu la tirer.

Une de ses qualités était, par bonheur, de chasser sous le canon du fusil.

En somme, je fus fort content de l'acquisition.

Flore était une de ces chiennes qu'on vend cent vingt francs la veille de l'ouverture de la chasse et quarante francs le lendemain du jour où elle est fermée. Pritchard fit grande fête à Flore au retour de la chasse.

C'était un chien de race qui voulait, à force de bonnes façons, faire oublier ses infirmités et ses blessures.

Nous prîmes congé de nos amis de Bernay et nous repartîmes pour Paris le 3 septembre 1850.

Cette fois, l'année était en retard, de sorte que le département de l'Yonne n'ouvrait que le 5.

Une lettre de mes amis d'Auxerre m'annonçait que, si je m'engageais à venir pour l'ouverture, comme j'avais affaire à des maires et à des adjoints, ils retarderaient la chasse jusqu'au 10.

Cette lettre fut pour beaucoup dans mon départ précipité de Bernay.

En rentrant à la maison, mon premier soin fut de demander à voir Catinat.

On commença par enfermer en conséquence Pritchard et Flore dans la salle à manger, et on fit monter Catinat à mon atelier.

Je demeurais alors dans un petit hôtel que j'occupais seul avec mes onze poules, mon héron, Pritchard et Michel, et qui allait s'augmenter, je le croyais du moins, de deux nouveaux locataires, Flore et Catinat.

Catinat était un vigoureux braque de trois ou quatre ans, étourdi, violent et querelleur.

Il bondit plutôt qu'il ne monta jusqu'à moi, sauta à mon cou, comme s'il voulait m'étrangler, renversa les chevalets de ma fille, sauta sur la table où étaient mes armes et mes potiches de Chine, m'indiquant, du premier coup, qu'il serait plus qu'imprudent à moi de l'admettre dans ma familiarité.

J'appelai Michel, lui annonçant que cette connaissance superficielle me suffisait pour le moment, et que je remettais, jusqu'à l'ouverture de la chasse à Auxerre, le plaisir de faire avec lui une connaissance plus approfondie.

Michel était, en conséquence, invité à reconduire Catinat à l'écurie.

Je dois dire que le pauvre Michel fut atteint d'un pressentiment à la vue de Catinat.

— Monsieur, dit-il, voilà un chien qui nous fera quelque malheur, je ne sais pas encore lequel, mais il nous en fera, il nous en fera !

— En attendant, Michel, dis-je, remettez Catinat chez lui.

Mais Catinat, qui jugeait sans doute lui-même qu'un atelier n'était pas son fait, était redescendu de son propre mouvement ; seulement, en descendant, il avait trouvé la porte de la salle à manger ouverte, et il était entré.

Pritchard et lui ne prirent pas même la peine de se demander l'un à l'autre s'ils étaient porteurs de la réponse de Jupiter ; jamais Hector et Achille ne se sentirent, à première vue, pris d'une haine plus subite.

Ils se jetèrent l'un sur l'autre, d'instinct et de haine, avec un acharnement tel, que Michel fut obligé de m'appeler à son secours pour les séparer.

Soit caractère apathique, soit cette coquetterie cruelle qui, chez la femelle du lion et chez la femelle de l'homme, fait qu'elle ne déteste pas de voir deux rivaux s'entre-déchirer pour elle, Flore était restée indifférente pendant ce combat, qui ne fut qu'une

rixe violente, grâce aux secours que nous y appor-
tâmes, Michel et moi.

Il nous parut cependant que Catinat saignait du
cou, cela se voyait facilement sur son poil blanc.

Quant à Pritchard, son poil bariolé ne permettait
pas qu'on vît ses blessures, s'il en avait reçu.

Pour l'intelligence des événements qui vont suivre,
il est indispensable que je donne une idée topo-
graphique de ce que l'on pouvait appeler les *communs*
du petit hôtel de la rue d'Amsterdam.

La grande porte, qui donnait d'un côté sur la rue,
donnait de l'autre côté sur une espèce de jardin plus
long que large, au fond duquel j'avais trouvé des
remises, une écurie et une seconde cour à fumier.
Comme, depuis la révolution de 1848, je n'avais plus
ni chevaux ni voitures, j'avais converti les remises en
un grand bureau, l'écurie en une espèce de magasin
dans lequel on mettait tous les débarras, et la seconde
cour à fumier en une cour aux poules où perchaient,
caquetaient, pondaient, mes onze poules et mon coq
César, et où, dans une immense niche, véritable
palais, avait jusque-là trôné Pritchard.

La familiarité de Pritchard avec les poules ne
s'était jamais démentie.—On a vu, du reste, dans le
coup d'œil jeté sur le poulailler de Charpillon, le
profit qu'il en tirait; à partir de ce jour, la stérilité de
mes poules m'était expliquée.

Pritchard reprit sa place dans la cour aux poules,
et, comme la niche était assez grande pour lui et pour
Flore, Flore, en sa qualité d'épouse, partagea sa niche.

Catinat fut réintégré dans l'écurie, où il avait été
installé d'abord, et de laquelle mon arrivée l'avait fait
sortir.

Michel, comme toujours, fut chargé du soin des quadrupèdes et des bipèdes.

Le soir, pendant que ma fille et moi prenions le frais dans le jardin, il vint me trouver, tournant sa casquette entre ses doigts, ce qui était le signe évident qu'il avait quelque chose d'important à me dire.

— Qu'y a-t-il, Michel? lui demandai-je.

— Monsieur, me dit-il, il m'est venu une idée en conduisant Pritchard et Flore dans la cour aux poules: c'est que nous n'avons pas d'œufs, parce que Pritchard les mange, comme monsieur a pu le voir à Saint-Bris! et Pritchard les mange parce qu'il est en communication directe avec les poules.

— Il est évident, Michel, que, si Pritchard ne pouvait pas entrer dans le poulailler, il ne mangerait pas les œufs.

— Eh bien, il me semble à moi, continua Michel, que, si on mettait Catinat—qui est un animal sans éducation, à ce que je crois, mais qui n'est pas un filou comme cette canaille de Pritchard—il me semble que, si on mettait Pritchard et Flore dans l'écurie, et que l'on mît Catinat dans la cour aux poules, tout irait mieux.

— Savez-vous ce qui arriverait, Michel? dis-je. C'est que Catinat pourrait peut-être ne pas manger les œufs, mais qu'il pourrait bien manger les poules.

— Si un malheur comme ça lui arrivait, j'ai un moyen de le guérir pour toute son existence de l'envie de manger des poules.

— Oui, Michel; mais, en attendant, les poules seraient mangées.

Je n'avais pas achevé ces mots, qu'il se fit dans l'intérieur des communs, un vacarme à faire croire

que toute une meute était en train de faire curée,
des cris de rage, des abois de douleur indiquaient un
combat à outrance.

— Eh! mon Dieu! Michel, dis-je, entendez-vous?

— Oui, j'entends bien, répondit-il; mais ce sont
les chiens de M. Pigeory.

— Michel, c'est Catinat et Pritchard qui se dévorent
tout simplement.

— Monsieur, ça ne se peut pas, je les ai séparés.

— Eh bien, Michel, il se sont réunis.

— Ce n'est pas l'embarras, les *guerdins* en sont bien
capables; avec ça que cette canaille de Pritchard
ouvrait la porte de l'écurie comme un serrurier.

— Eh bien, comme Pritchard est un chien plein de
courage, il aura ouvert la porte de l'écurie pour aller
défier Catinat. Et, tenez, ma foi, j'ai bien peur qu'il
n'y en ait un des deux d'étranglé.

Michel se précipita dans l'allée qui conduisait à
l'écurie, et, bientôt après l'avoir perdu de vue, j'entendis des lamentations indiquant qu'un grand malheur était arrivé.

Au bout d'un instant, je vis reparaître Michel,
sanglotant et tenant Pritchard entre ses bras.

— Tenez, monsieur, me dit-il, il n'y a plus de
Pritchard! voilà l'état où il l'a mis, votre beau chien de
M. Devisme! Ce n'est pas Catinat qu'il faut l'appeler,
c'est Catilina.

Je m'élançai vers Michel; malgré les rages où il
m'avait fait mettre quelquefois, j'avais une grande
amitié pour Pritchard. C'était le seul chien chez lequel
j'eusse trouvé l'originalité et l'inattendu qu'on trouve
dans un homme d'esprit et de caprice.

— Enfin, dis-je à Michel, qu'a-t-il?

— Il a qu'il est mort...

— Mais non, Michel, pas encore.

— Dans tous les cas, il n'en vaut guère mieux.

Et il posa le pauvre animal à terre.

La chemise de Michel était toute couverte de sang.

— Pritchard! mon pauvre Pritchard! criai-je.

Comme l'Argien mourant de Virgile, Pritchard rouvrit son œil moutarde, me regarda tristement et tendrement à la fois, allongea les quatre pattes, roidit son corps, poussa un soupir et expira.

Catilina lui avait, d'un coup de dent, ouvert la carotide, et la mort avait été, comme on l'a vu, presque instantanée.

— Que voulez-vous, Michel! repris-je, ce n'est pas un bon serviteur, mais c'est un bon ami que nous perdons... Vous allez le laver avec soin, pauvre bête! on vous donnera un torchon pour l'envelopper; vous lui creuserez sa fosse dans le jardin, et nous lui ferons faire un tombeau sur lequel nous mettrons cette épitaphe:

Comme le grand Rantzau, d'immortelle mémoire,
Il perdit, mutilé, quoique toujours vainqueur,
La moitié de son corps dans les champs de la gloire,
Et Mars ne lui laissa rien d'entier que le cœur!

Comme toujours, je cherchai dans le travail une distraction à ma tristesse.

Cependant, désirant savoir vers minuit si mes désirs à l'endroit des obsèques de Pritchard avaient été accomplis, je descendis doucement, et trouvai Michel assis sur les marches de la salle à manger, avec le cadavre de Pritchard à ses pieds.

La douleur de Michel n'avait point subi d'adoucissement, il gémissait et sanglotait comme au moment où il m'avait apporté Pritchard entre ses bras.

Seulement, deux bouteilles de vin, que je jugeai vides parce que toutes deux étaient couchées à terre, m'indiquèrent que, comme dans les funérailles antiques, Michel n'avait pas négligé les toasts au défunt, et je me retirai convaincu que, si Michel ne pleurait pas du vin pur, il pleurait au moins de l'eau rougie.

Quant à lui, il était tellement absorbé dans sa douleur, qu'il ne me vit ni ne m'entendit.

CAMBRIDGE
PLAIN TEXTS

The following Volumes are the latest
additions to this Series:

English

LANCELOT ANDREWES. Two Sermons.
With a Note by J. Butt and G. Tillotson.

JONSON. The Sad Shepherd.
With a Note by L. J. Potts.

GOWER. Selections from *Confessio Amantis.*
With a Note by H. S. Bennett.

French

MOLIÈRE. La Critique de l'École des Femmes
and L'Impromptu de Versailles.
With a Note by A. Tilley.

RONSARD. L'Art Poétique *and* Cinq Préfaces.
With a Note by J. Stewart.

German

HOFFMANN. Der Kampf der Sänger.
With a Note by G. Waterhouse.

LESSING. Hamburgische Dramaturgie I.
LESSING. Hamburgische Dramaturgie II.
With a Note by G. Waterhouse.

Spanish

OLD SPANISH BALLADS.
With a Note by J. P. Howard.

VILLENA: LEBRIJA: ENCINA. Selections.
With a Note by I. Bullock.

small octavo pages of text, preceded

note on the author

LIMP CLOTH

German

GRILLPARZER. Der Arme Spielmann *and* Erinnerungen an
  Beethoven.
HERDER. Kleinere Aufsätze I.
HOFFMANN. Der Kampf der Sänger.
LESSING. Hamburgische Dramaturgie I.
LESSING. Hamburgische Dramaturgie II.

Italian

ALFIERI. La Virtù Sconosciuta.
GOZZI, GASPARO. La Gazzetta Veneta.
LEOPARDI. Pensieri.
MAZZINI. Fede e Avvenire.
ROSMINI. Cinque Piaghe.

Spanish

BOLÍVAR, SIMÓN. Address to the Venezuelan Congress
  at Angostura, February 15, 1819.
CALDERÓN. La Cena de Baltasar.
CERVANTES. Prologues and Epilogue.
CERVANTES. Rinconete y Cortadillo.
ESPRONCEDA. El Estudiante de Salamanca.
LOPE DE VEGA. El Mejor Alcalde, el Rey.
LUIS DE LEÓN. Poesías Originales.
OLD SPANISH BALLADS.
VILLEGAS. El Abencerraje.
VILLENA: LEBRIJA: ENCINA. Selections.

SOME PRESS OPINIONS

www.ingramcontent.com/pod-product-compliance
Ingram Content Group UK Ltd.
Pitfield, Milton Keynes, MK11 3LW, UK
UKHW042148280225
455719UK00001B/185